The Happy Lines Family
DinoLibro Halloween
Libro para colorear con actividades

Copyright © 2023 C. & L. & H. Lopez Espina

Published by The Little Book Farmers Happy Lines Family

Published in the United States of America

All rights reserved. No part of this publication can be reproduced, copied, transmitted, stored, or recorded in any manner whatsoever without written permission from the copyright owners. Commercial resale in any form is strictly prohibited.

To request permission, contact Little Book Farmers/ *The Happy Lines Family* at:

https://littlebookfarmers.com/contact-us/

Written and Edited by: C. & L. & H. Lopez Espina
Translated by: C. Lopez Espina
Illustrated by: L. Lopez Espina

ISBN: 978-1-962850-07-0

Mi Halloween Dino-Libro

Este libro pertenece a:

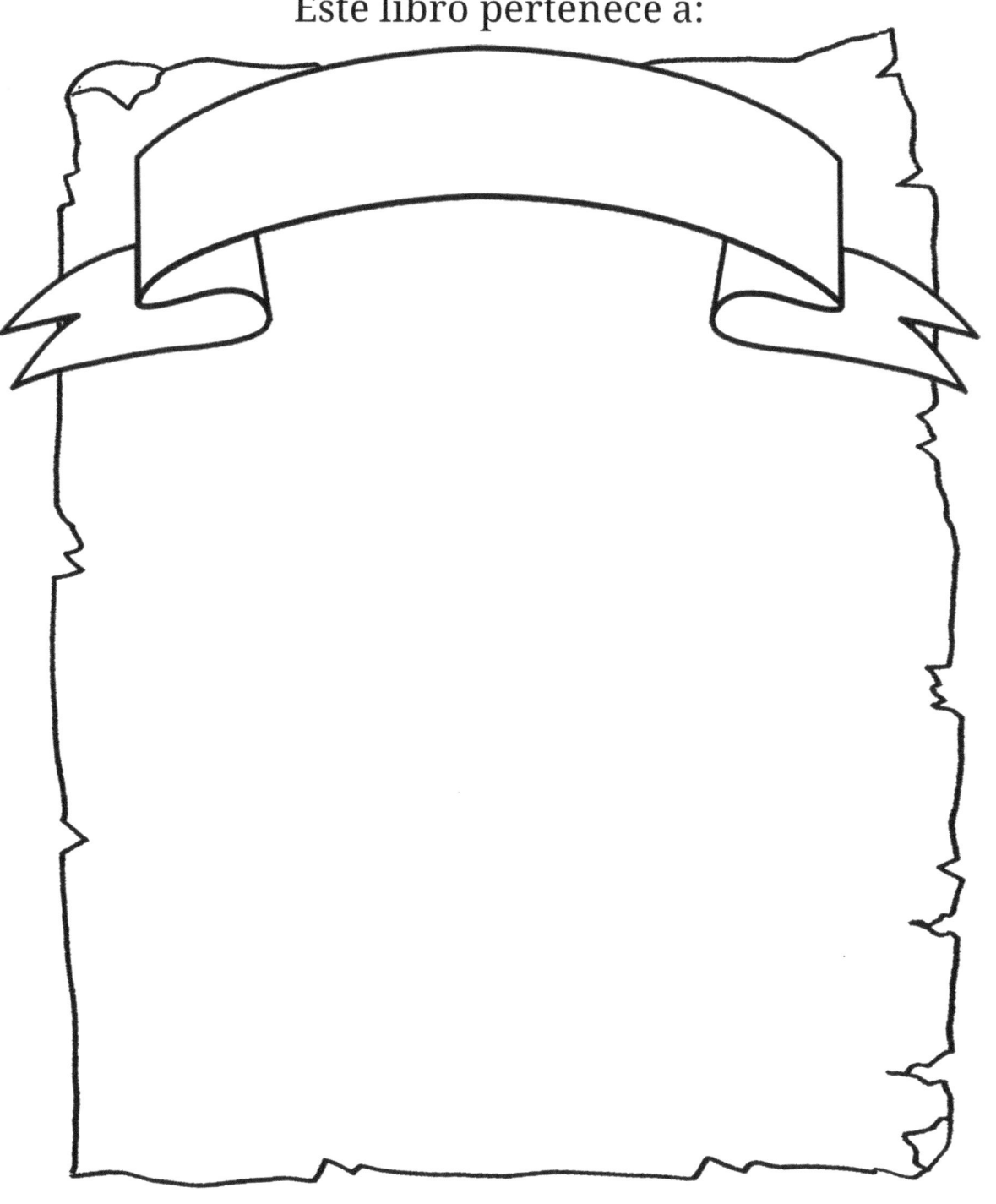

Fecha: _____

Triceratops

El Triceratops, su nombre significa "cara de tres cuernos", es uno de los dinosaurios más conocidos y queridos. Vivían en Norteamérica y eran aproximadamente del tamaño de un elefante.

Feliz Halloween

Anquilosaurio

El Anquilosaurio era un herbívoro (comedor de plantas) de 6 metros, cubierto de una armadura de placas y cuernos, con una cola grande y fuerte para defenderse.

Un juego de Halloween doblando un papel- Parte 1

Cómo se juega:

1. Dobla un trozo de papel en tres secciones iguales, igual que doblarías una carta para poner en un sobre. Numera cada segmento doblado: 1. para la cabeza, 2. para el cuello y el cuerpo, y 3. para las piernas y los pies.

2. **El primer jugador** dibuja la cabeza de la criatura de Halloween en el pliegue 1. Cuando haya terminado, dobla el papel hacia dentro por debajo del segmento 3. A continuación, dibuja dos pequeñas marcas en el segmento 2. para mostrar dónde continuará el cuello y el cuerpo. ¡Asegúrate de que nadie pueda ver tu dibujo!

3. **El siguiente jugador** dibuja el cuello y el cuerpo en el segmento 2. utilizando las marcas como punto de partida. A continuación, da la vuelta al papel hasta el segmento 3. y marca dónde empiezan las piernas y los pies. Pásalo al siguiente jugador sin dejar que nadie vea lo que se ha dibujado.

4. **El último jugador** dibuja las piernas y los pies en el segmento 3. A continuación, todos juntos abren el papel doblado para revelar una divertidísima criatura de Halloween.

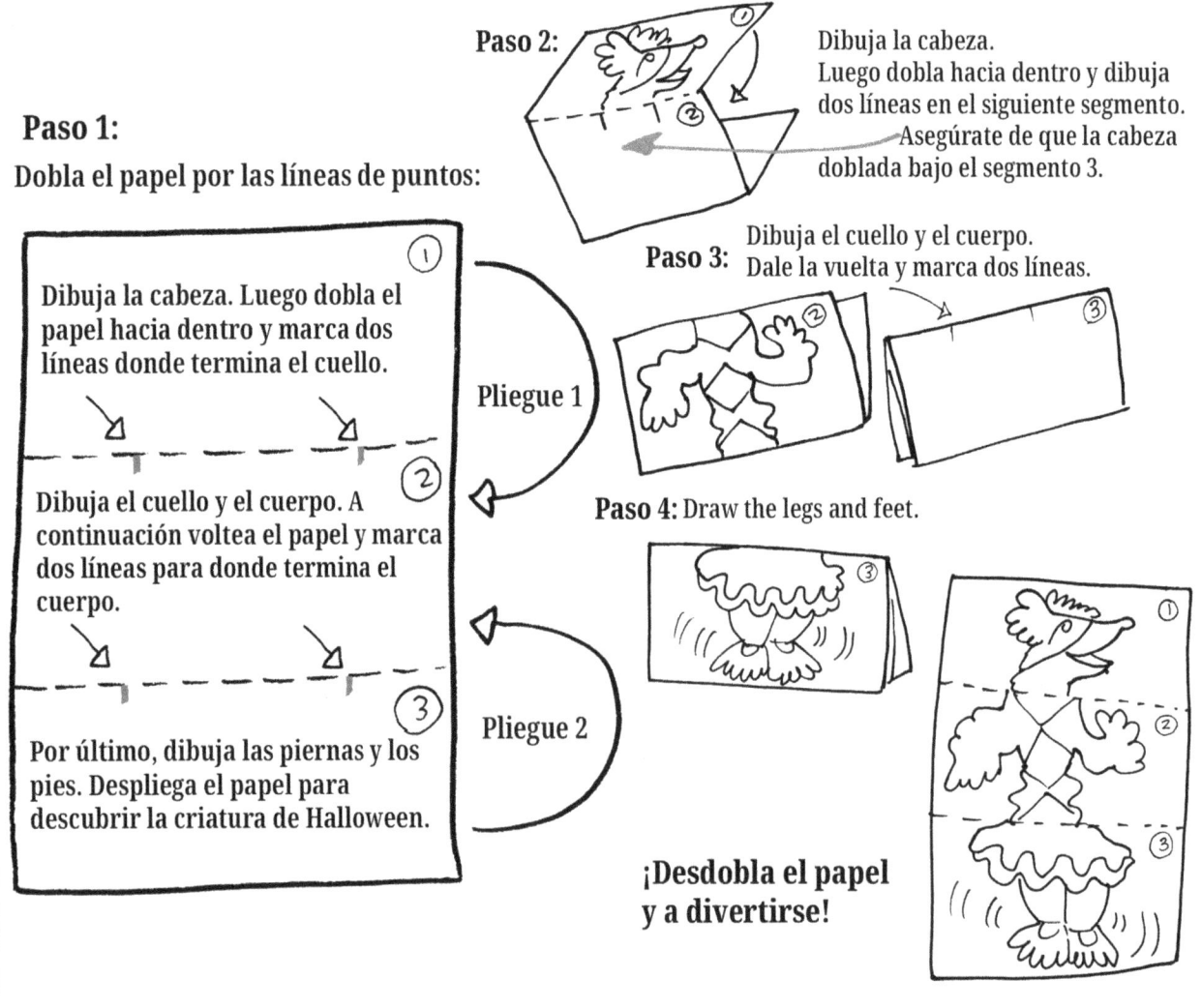

1.

2.

3.

1.

2.

3.

1.

2.

3.

1.

2.

3.

Un juego de Halloween doblando un papel- Parte 2
El juego de las combinaciones de Halloween

Una vez que hayas jugado **el Juego de Halloween Doblando un Papel Parte 1** varias veces, puedes probar **el Juego de las Combinaciones de Halloween**. Necesitarás tener tres o más criaturas de Halloween completas, y un par de tijeras.

1. Corta a lo largo de cada uno de los pliegues en cada criatura de Halloween.

2. Coloca todas las piezas boca abajo sobre una superficie grande (mesa, suelo, etc.), y mézclalas.

3. Cada jugador elige tres trozos de papel para hacer nuevas criaturas divertidas. Pero esta vez puede que todas resulten ser cabezas o pies. Para seguir jugando intercámbialas hasta que alguien consiga una criatura completa.

4. También puedes simplemente divertirte juntando diferentes combinaciones para encontrar las criaturas más divertidas de todas.

5. Usa tu imaginación. Nunca olvides que siempre puedes inventar nuevos juegos. ¡Las posibilidades son ilimitadas y muy divertidas!

Puedes guardar todos tus dibujos en un sobre para jugar más tarde.
Cuantos más dibujos guardes, ¡más divertido será el juego!

Un poco de historia sobre Tic-Tac-Toe

Las versiones del juego Tic-Tac-Toe se remontan a la antigüedad.

Los egipcios jugaban con piedras y conchas.

Los romanos utilizaban piedrecitas en un juego llamado "Terni Lapilli" (tres piedrecitas a la vez).

Una antigua versión nativa americana del juego se llama "Picaria".

En China, el Tic-Tac-Toe se llama "Jǐng Zì Qí" o "Quān Quān Chā Chā".

"Marupeke" es el nombre japonés de una versión deTic-Tac-Toe.

En el Reino Unido, la República de Irlanda, Nueva Zelanda, Australia, partes de África y la India, el Tic-Tac-Toe se conoce como "Noughts/Naughts and Crosses".

En los países de habla hispana, se conoce como; "Tres en Raya" y "Totito".

En los Estados Unidos de América, se llama "Tic-Tac-Toe".

Puedes investigar por tu cuenta para saber más sobre el juego y aprender a jugar distintas versiones provenientes de todo él mundo y de otros tiempos.

Dino-Tic-Tac-Toe
Tres en Raya / Totito

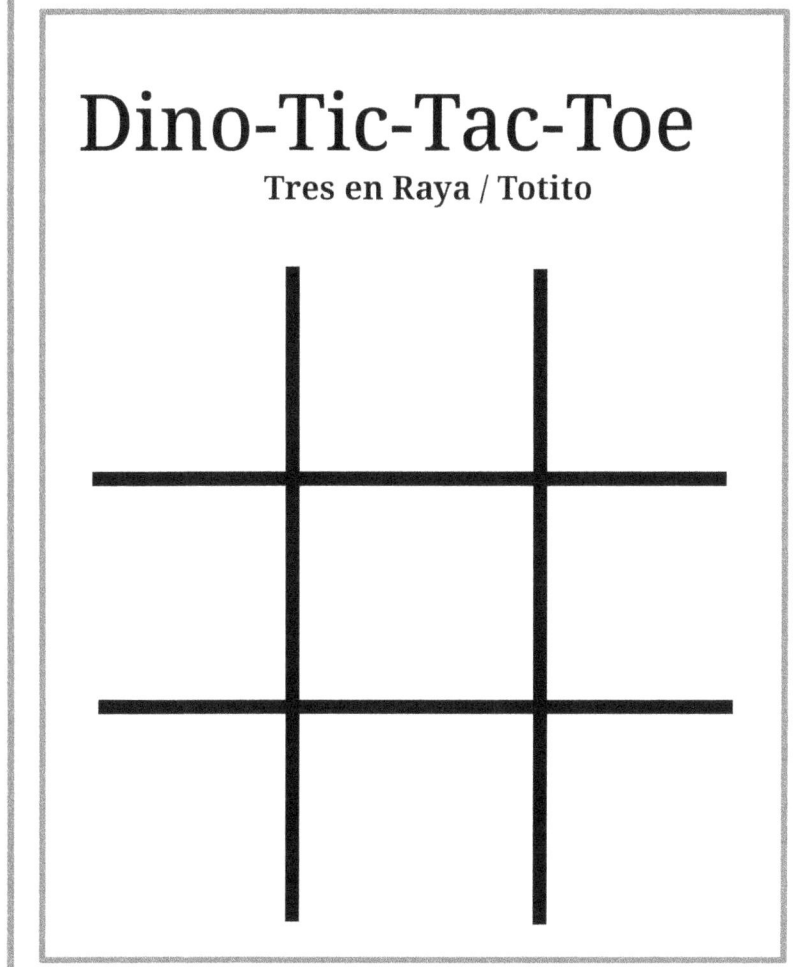

Dino-Tic-Tac-Toe también conocido como tres en raya o Totito.

Instrucciones:

1. Colorea la página como más te guste.
2. Recorta con cuidado las piezas.
3. Puedes emplasticar las piezas con cinta adhesiva transparente para que duren más.
4. Decora un sobre para guardar el tablero y las piezas. Si no tienes uno puedes hacer uno engrapando o pegando dos trozos de papel con cinta adhesiva.

Cómo se juega:
1. Cada jugador recibe cinco fichas iguales.
2. El jugador más joven va primero, colocando una de sus fichas en cualquier casilla.
3. Cada persona tiene un turno hasta que alguien gane consiguiendo colocar tres piezas seguidas.
4. En algunos casos, nadie consigue tres en fila. Eso se llama empate. ¡Diviértete!

Allosaurus Jimmadseni

El Allosaurus Jimmadseni es un **terópodo** (dinosaurio carnívoro) de la **familia de los alosaurios**, descubierto en el **Monumento Nacional de los Dinosaurios**, en Utah. Fueron **depredadores ápices** lo que significa que estaban en la cima de la cadena alimenticia; en otras palabras, ningún otro animal se habría atrevido a tratar de comerselos.

Dibuja una cara en la calabaza

Ponle nombre a tu calabaza:

_____

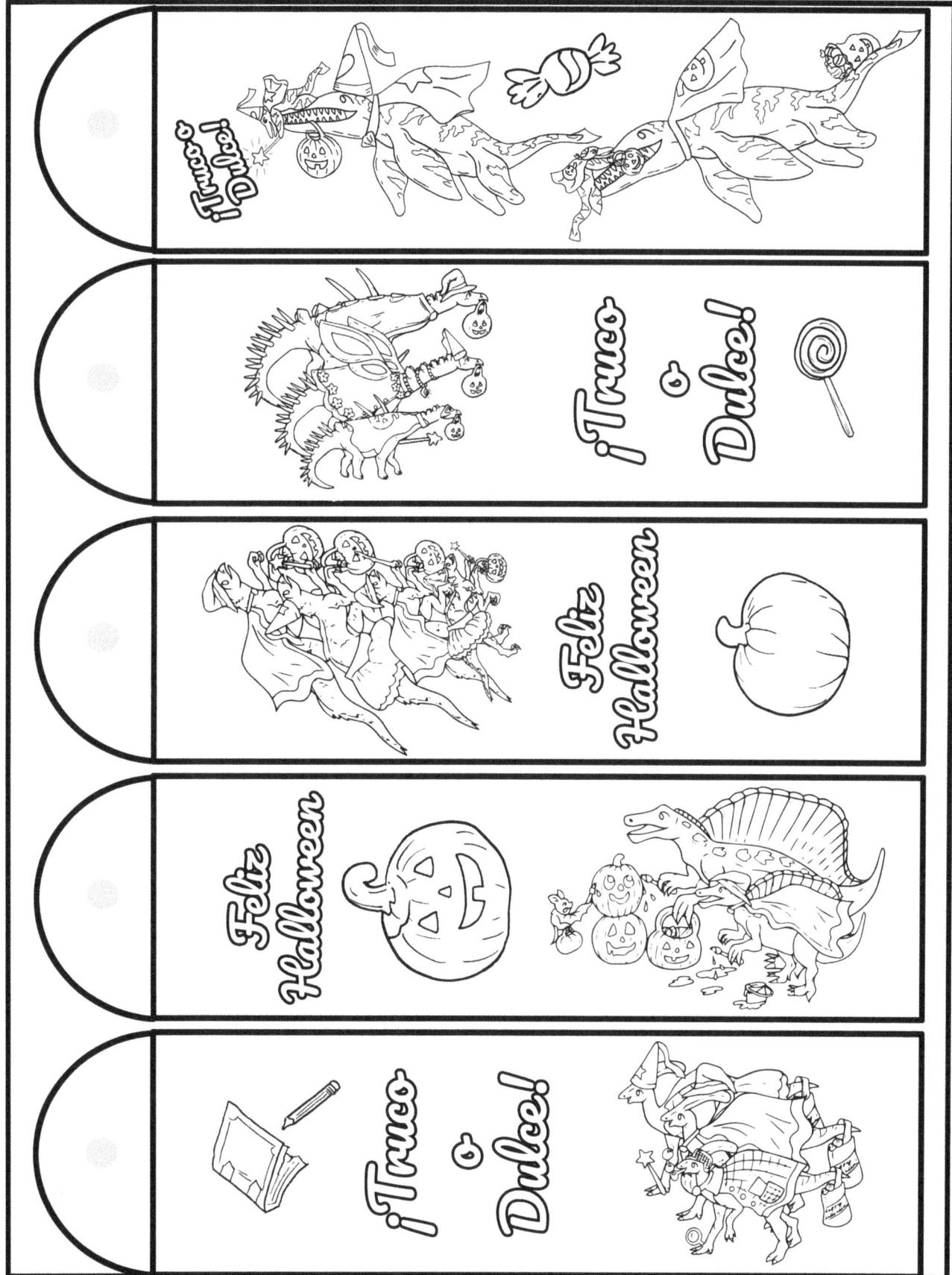

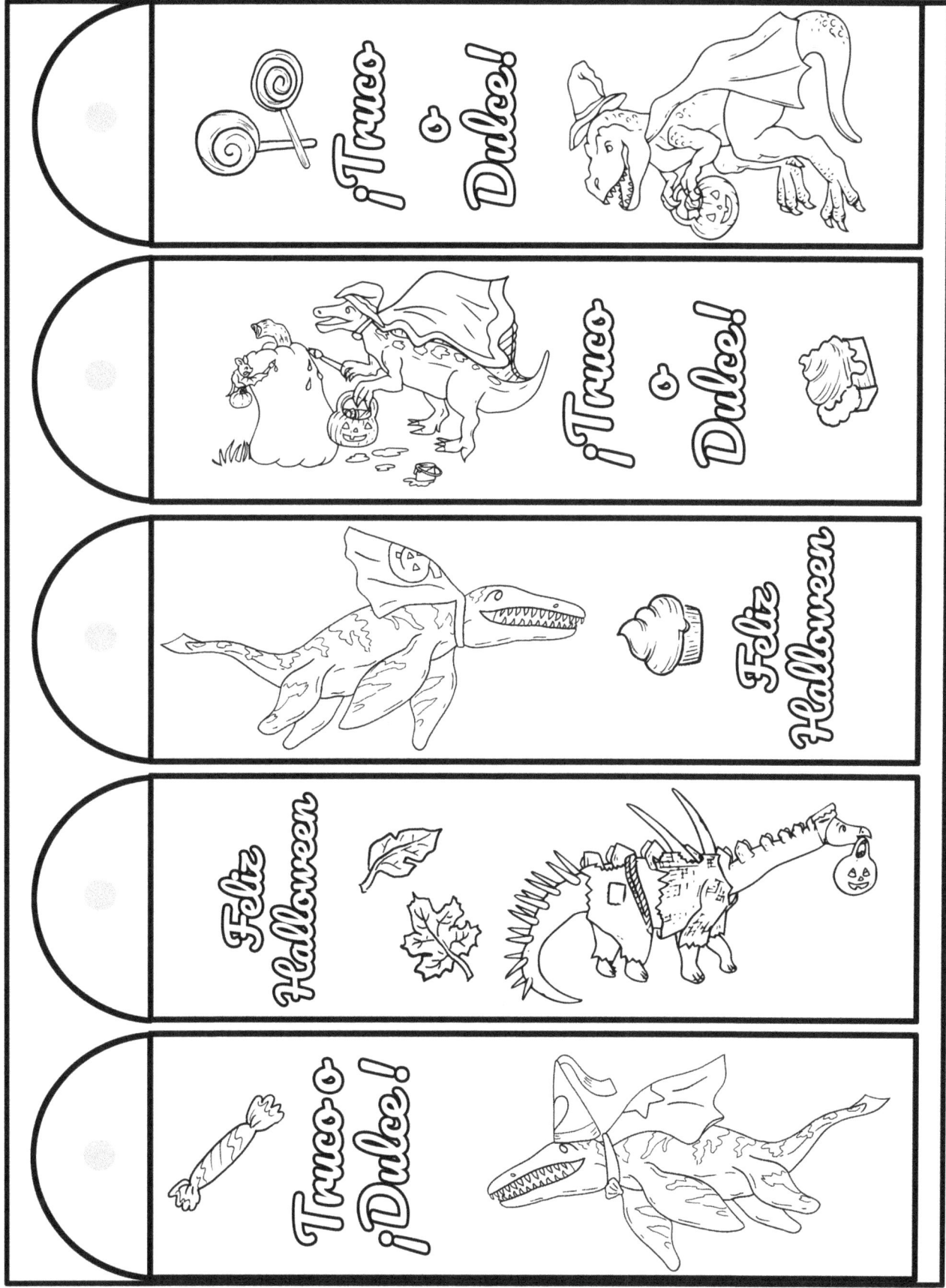

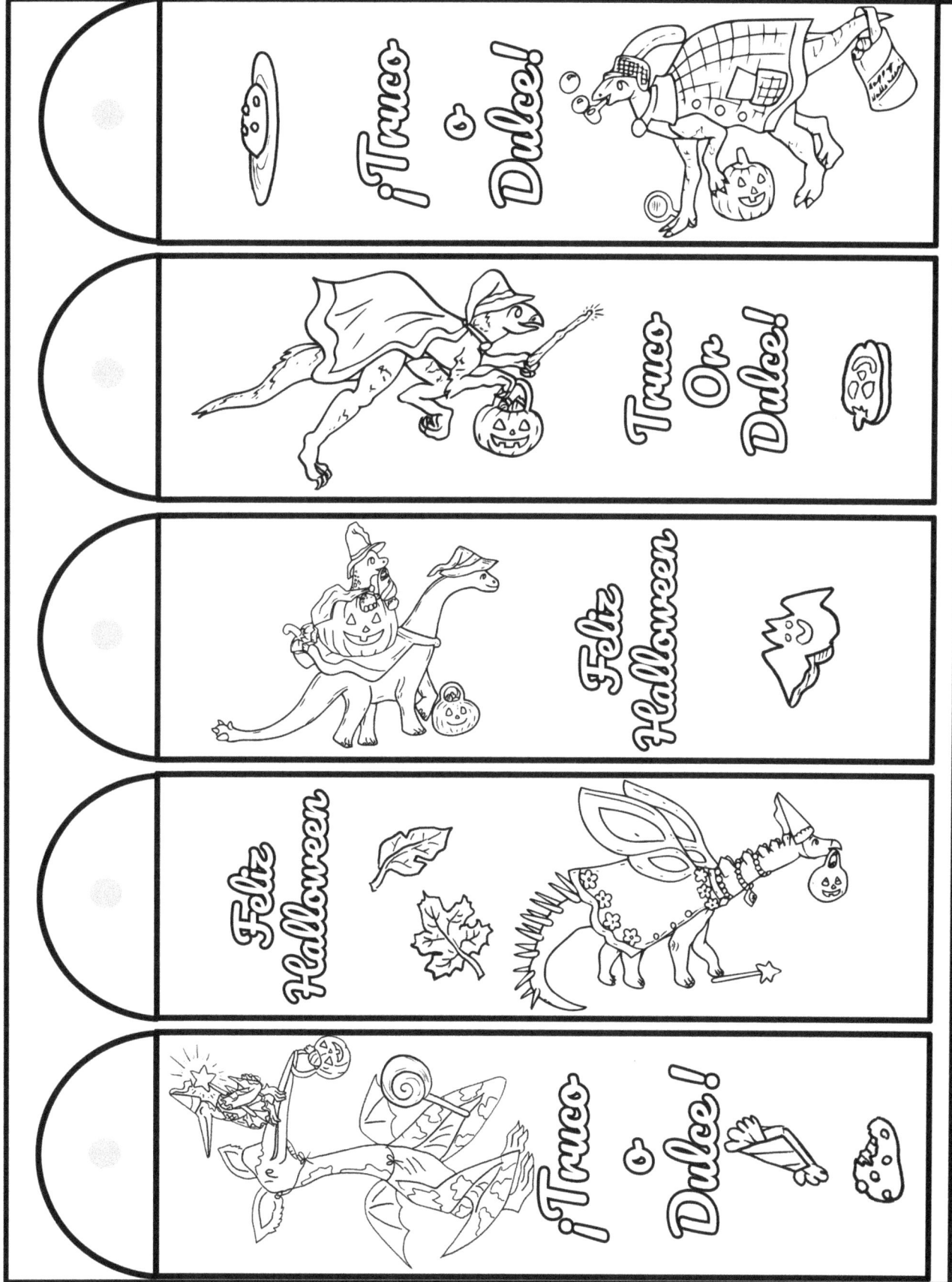

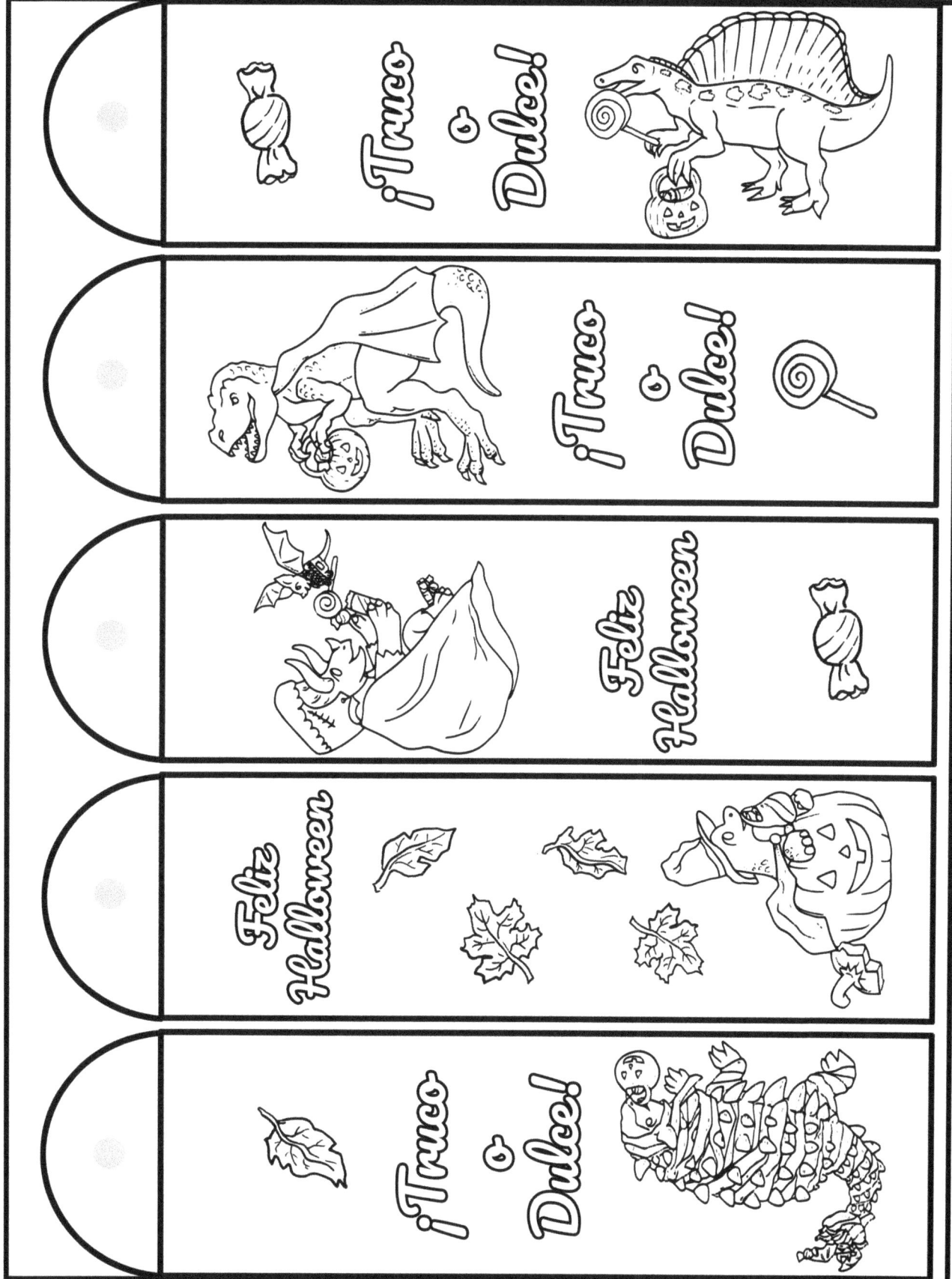

Hypsilophodon

Hypsilophodon era un pequeño dinosaurio **bípedo** (lo que significa que caminaba sobre dos patas). Fue encontrado en Inglaterra, se cree que pesaban alrededor de 40-50 libras (similar al peso de un niño de nueve años) y eran alrededor de 4-6 pies de largo. Se cree que eran **herbívoros** (comían plantas), pero lo más probable es que fueran **omnívoros,** lo que significa que comían tanto plantas como animales, como muchos humanos. Se han encontrado huellas de fósiles con plumas en especies similares, así que ¿crees que Hypsilophodon tenía plumas?

Prehistórica Sopa de Letras de Halloween:

Consejo: Busca fila por fila, hacia arriba, hacia abajo, hacia atrás y en diagonal. Nunca te rindas, ¡las encontrarás todos!

C	R	S	N	O	I	S	R	E	V	I	D
A	T	R	U	C	O	O	D	U	L	C	E
V	C	A	L	A	B	A	Z	A	O	K	O
A	J	R	J	T	C	L	H	D	E	O	I
R	A	G	Q	E	A	I	A	A	S	S	R
G	L	R	G	L	R	S	L	N	T	O	U
I	L	A	Z	A	A	O	L	A	R	I	A
G	E	N	I	P	M	F	O	M	E	C	S
A	U	D	L	T	E	R	W	E	L	I	O
N	H	E	E	Z	L	K	E	P	L	L	N
T	N	Q	F	B	O	O	E	W	A	E	I
E	A	N	U	L	S	B	N	T	S	D	D

1. Halloween
2. Caramelos
3. Truco o Dulce
4. Dinosaurio
5. Feliz
6. Grande
7. Gigante

8. En el Pasado
9. Estrellas
10. Luna
11. Diversión
12. Huella
13. Boo
14. Paleta

15. Manada
16. Delicioso
17. Calabaza
18. Fósil
19. Cavar

Oviraptor

Los Oviraptores eran dinosaurios emplumados y a pesar de su nombre, que significa **"ladrón de huevos"** eran **padres protectores**. En Mongolia se descubrió un fósil de oviraptor cuidando de sus huevos. Se tardó tiempo en descubrir que los huevos no eran robados, sino su propia cría. Los oviraptores medían aproximadamente metro y medio.

Ponle la cola al Oviraptor Calabaza

Instrucciones:

1. Colorea el Oviraptor Calabaza y las 5 colas.

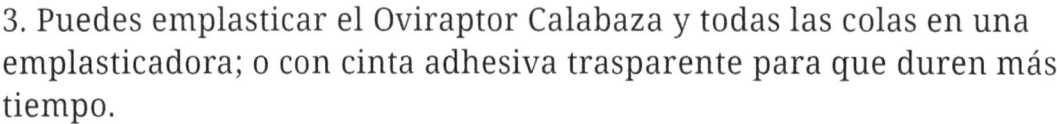

2. Recorta Oviraptor Calabaza y cada una de las 5 colas numeradas. Recorta siguiendo las líneas de puntos.

3. Puedes emplasticar el Oviraptor Calabaza y todas las colas en una emplasticadora; o con cinta adhesiva trasparente para que duren más tiempo.

4. Puedes decorar un sobre para guardar todas las piezas de juego para más tarde. Si no tienes un sobre, puedes hacer uno engrapando o uniendo dos trozos de papel con cinta adhesiva.

Cómo se juega:

Ponle la Cola al Oviraptor Calabaza es un juego que puedes jugar tú solo o con hasta 4 personas más.

Puedes jugar de dos maneras: sobre una mesa, o en una pared. Para jugar en una pared, necesitarás cinta adhesiva. Para jugar sobre una mesa, no necesitarás cinta adhesiva.

1. Coloca el Oviraptor Calabaza sobre una mesa o pégalo a la pared con cinta adhesiva.

2. Entrega a cada jugador una cola y un trozo de cinta adhesiva para que puedan pegar su cola al Oviraptor Calabaza.

3. El jugador más joven va primero. Véndale los ojos o pídele que los cierre con fuerza.

4. Cada jugador se turna para colocar su cola donde crea que debe ir.

5. ¡Diviértete jugando!

Ponle la Cola al Oviraptor Calabaza Ejemplos:

Estas son algunas de las divertidas posibilidades que pueden ocurrir al jugar:

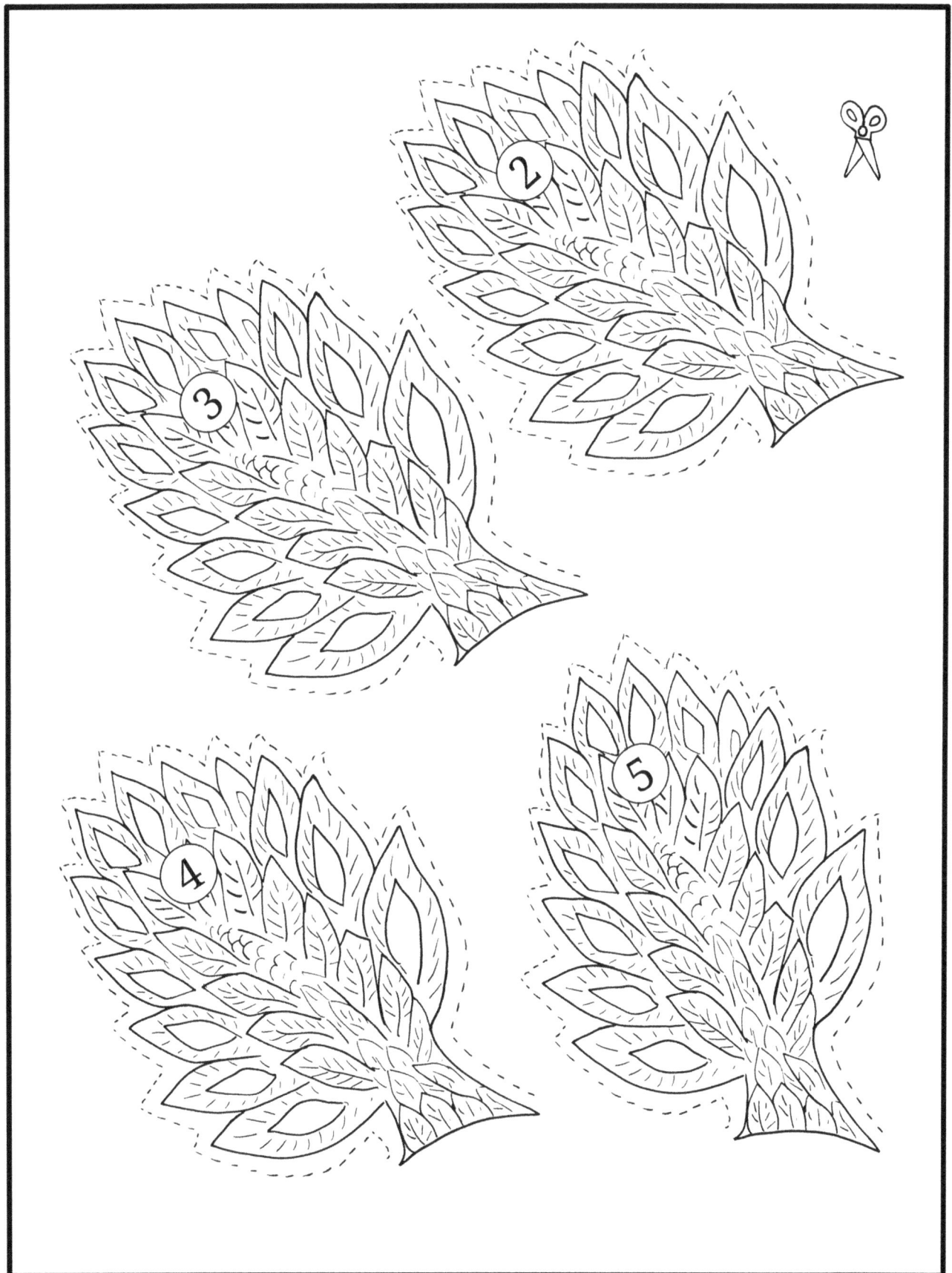

Colorea el Gato Calabaza. A continuación, corta a lo largo de la línea punteada para remover la página.

Parasaurolophus

El Parasaurolophus, también llamado Parasaurio y apodado **el dinosaurio trombón**, vivió en el oeste de Norteamérica. Eran **herbívoros** (comedores de plantas) de 33 pies de largo, aproximadamente el tamaño de dos jirafas. Sus grandes crestas craneales les servían para emitir fuertes sonidos de trompeta. ¿Te imaginas cómo sonaban? Ahora puedes intentar hacer tu mejor sonido de Parasaurolophus. ¡Pero ten cuidado de no intentarlo en una biblioteca!

Juego de Escritura de Halloween: ¡Parque de Atracciones de Dinosaurios!

Termina la historia como más te guste y haz un dibujo que la acompañe.

Fuimos a un parque de atracciones de dinosaurios cuando de repente, las estatuas de dinosaurios empezaron a moverse y...

_____

_____

_____

_____

_____

_____

_____

Juego de Escritura de Halloween: ¡Parque de Atracciones de Dinosaurios!

Puedes continuar tu historia aquí:

Prepara un sándwich de Halloween para tu amigo dinosaurio.

Ingredientes:
_____
_____
_____
_____

Liopleurodón

Liopleurodón: ¿Sabes quién es este? Es el poderoso liopleurodón. Una especie de **plesiosaurio** (un tipo de reptil marino) que no debe ser confundido con un dinosaurio, aunque vivieron durante la misma época. Medían entre 4 y 5 metros de largo, aproximadamente el tamaño de dos jirafas.

Halloween Tic-Tac-Toe

Tres en Raya / Totito

Puedes utilizar monedas, o dos tipos de dulces, o puedes recortar las galletas y pastelitos de esta página y ¡a divertirse!

Feliz Halloween!

Juego de palabras:
Café Prehistórico Halloween

Instrucciones: Puedes jugar a este juego de palabras en familia, con amigos o tú solo. **Primero,** rellena los espacios en blanco numerados en **la página de la lista de palabras de Halloween** con el tipo de palabras que te pida, pero no mires la página del cuento hasta que termines.

A continuación, rellena los espacios en blanco numerados en la página del cuento **Menú del Café Prehistórico Halloween** con las palabras de tu lista de palabras para rellenar. **Por último,** léelo en voz alta y ¡diviértete!

Para jugar, debes saber qué es un sustantivo, un verbo y un adjetivo:

Un SUSTANTIVO es una palabra que lo nombra todo, una persona, un lugar o una cosa. Desde lo más pequeño a lo más grande que existe, desde un planeta a un lápiz, desde un microbio a una galaxia, un sustantivo es simplemente el nombre de todo y de cualquier cosa real o imaginaria.

Un VERBO es una palabra que describe una acción. Todo lo que hace un sustantivo es un verbo. Por ejemplo: correr, saltar, bailar, cantar, reír, gritar, leer, dormir, comer, parpadear. Incluso pensar o quedarse quieto es una acción y por lo tanto un verbo.

Un ADJETIVO es una palabra que describe a un sustantivo. Un sustantivo puede ser: grande, pequeño, peludo, feliz, enérgico, gruñón, dulce, azul, desordenado, suave, desigual, hermoso, agrio, inteligente, extraño, divertido, absurdo. Los adjetivos lo describen todo.

He aquí un pequeño ejemplo:

Un _____*Rizado*_____ murciélago pidió un gran tazón de _____*Calcetín*_____
       1. Adjetivo   *2. Sustantivo*
helado con _____*10,000*_____ frambuesas y un _____*Feo*_____ - _____*Grillo*_____
              3. Número   *4. Adjetivo*   *5. Insecto de elección*
para terminar.

Lista de palabras de Halloween:

1. Adjetivo: _____
2. Adjetivo plural: _____
3. Adjetivo: _____
4. Sustantivo _____
5. Número _____
6. Verbo _____
7. Tipo de insecto _____
8. Algo asqueroso _____
9. Tipo de dulce _____
10. Sustantivo _____
11. Sustantivo asqueroso _____
12. Algo apestoso _____
13. Número _____
14. Sustantivo apestoso _____
15. Tipo de dulce _____
16. Tipo de insecto _____
17. Tipo de helado _____
18. Palabra repugnante _____
19. Tipo de postre _____
20. Dinosaurio _____
21. Insecto volador _____
22. Animal prehistórico _____
23. Tipo de insecto _____
24. Verdura menos favorita _____
25. Dinosaurio _____
26. Algo asqueroso _____
27. Parte del cuerpo en plural _____
28. Número _____
29. Dulce favorito _____
30. Adjetivo _____
31. Número _____

Menú del Café Prehistórico Halloween

¡Bienvenido al _____ *Café Prehistórico* donde servimos las mejores
            1. Adjetivo
_____ comidas de la ciudad! Toda nuestra comida es preparada por el
2. Adjetivo plural
chef de renombre mundial _____ _____ Le'Sweet. Tenemos
                                     3. Adjetivo   *4. Sustantivo*
_____ platos de Halloween en nuestro menú.
   5. Número

Aquí Están Los Especiales de Hoy:

Para empezar, tenemos:

1. Palitos de mozzarella con el queso _____ .
                                          6. Verbo

2. Deliciosamente al vapor pastelitos de _____ .
                                                7. Tipo de insecto

Para el plato principal, puedes elegir entre:

3. Una gigantesca parrillada de _____ y una hamburguesa de
                                  8. Algo asqueroso
_____ acompañada de _____ recién horneado. Puedes elegir
9. Tipo de dulce   *10. Sustantivo*
entre pan de_____, o pan de _____ orgánico.
        11. Sustantivo asqueroso   *12. Algo apestoso*

4. Una Pizza de queso de_____ metros, cubierta con su elección de
                             13. Número
_____, y _____, o _____ y _____. Con
14. Sustantivo apestoso *15. Tipo de dulce* *16. Tipo de insecto* *17. Tipo de helado*
corteza rellena, extra fina o doble de _____ .
                                      18. Palabra repugnante

5. Aulladoramente delicioso spagetti de _____.
                                     19. Tipo de postre

6. _____ frito con tacos de _____ .
   20. Dinosaurio   *21. insecto volador*

Para una comida más ligera, tenemos dos opciones granjeras:

7. _____ fresco y sopa de fideos con brotes de remolacha.
  22. Animal prehistórico.

8. Ensalada de_____, _____, y _____, con extra
          23. Tipo de insecto *24. Verdura menos favorita* *25. Dinosaurio*
_____. Para el postre, ofrecemos una taza extra grande de
26. Algo asqueroso
chocolate caliente con sabor a _____, acompañado de una
                      27. Parte del cuerpo en plural
bandeja de brócoli de _____ metros. Finalmente, una gran porción
                  28. Número
de_____-_____, con pastel de calabaza cubierto con _____
  29. Dulce favorito *30. Adjetivo*   *31. Número*
metros de crema batida.

¡Buen Provecho!

Dino-Dulces

Quetzalcoatlus

El Quetzalcoatlus hallado en Norteamérica, era el animal volador más grande que conocemos hasta ahora. Era un poco más alto que el T-Rex (aproximadamente la altura de una jirafa). Su nombre proviene del nombre del dios maya y azteca Quetzalcóatl, que significa "pajaro serpiente" o "serpiente emplumada".

Juego de Escritura de Halloween: ¡Viaje prehistórico en el tiempo!

Termina la historia como más te guste y haz un dibujo que la acompañe.

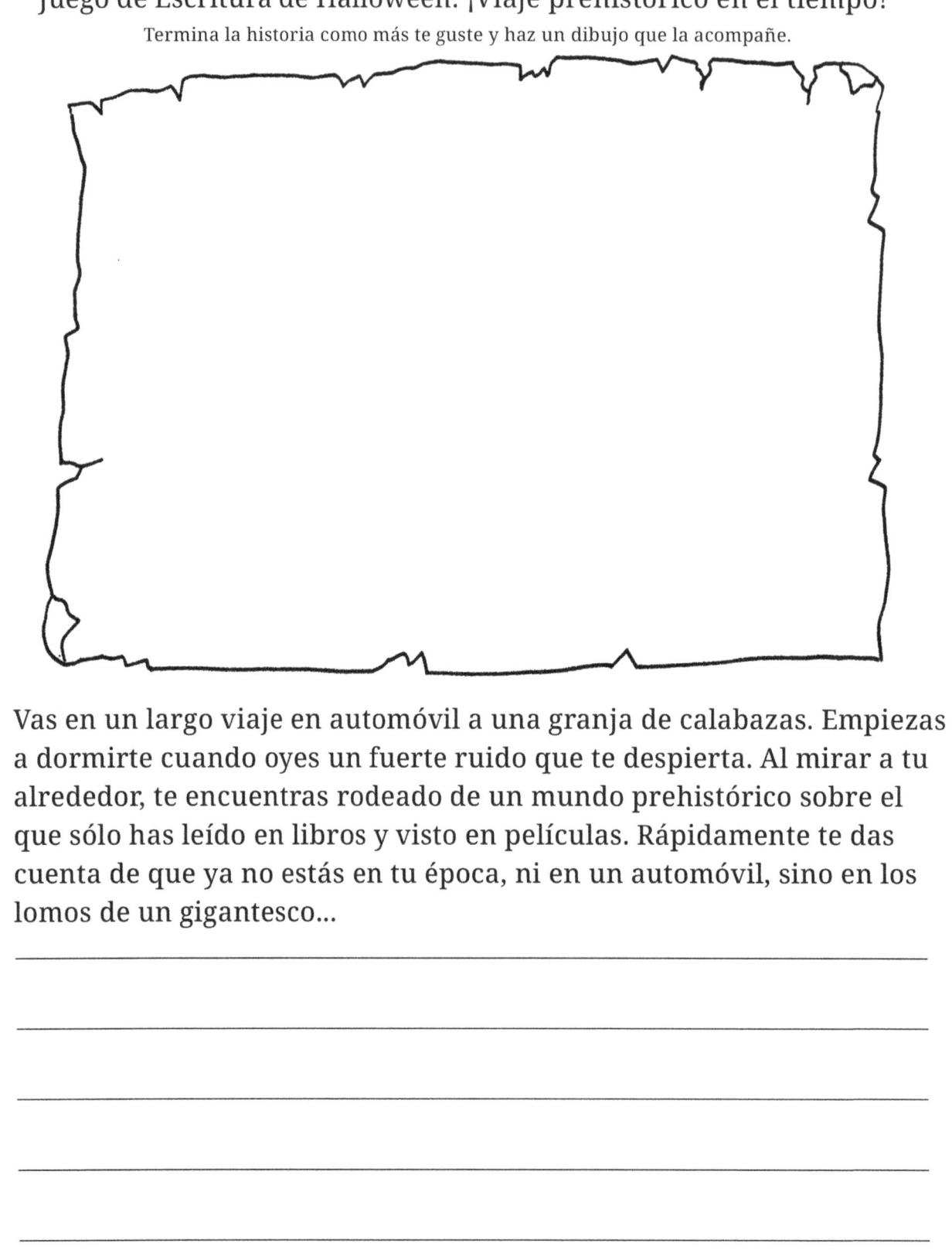

Vas en un largo viaje en automóvil a una granja de calabazas. Empiezas a dormirte cuando oyes un fuerte ruido que te despierta. Al mirar a tu alrededor, te encuentras rodeado de un mundo prehistórico sobre el que sólo has leído en libros y visto en películas. Rápidamente te das cuenta de que ya no estás en tu época, ni en un automóvil, sino en los lomos de un gigantesco...

_____

_____

_____

_____

Juego de Escritura de Halloween: ¡Viaje prehistórico en el tiempo!

Puedes continuar tu historia aquí:

Espinosaurio

El Espinosaurio era un gigantesco **piscívoro carnívoro** (se alimentaba principalmente de peces) de 59 pies de largo. De hecho, el espinosaurio es uno de los mayores fósiles de dinosaurios **terópodos** encontrados hasta la fecha, ¡incluso mayor que el T-Rex! La mayoria han sido encontrados en África. Por cierto, los terópodos son **carnívoros** (comen carne) y suelen ser **bípedos** (es decir, caminan sobre dos patas). El uso y la razón de su gigantesca cresta siguen siendo un misterio. Algunos científicos creen que podrían haber sido **semiacuáticos**, como los hipopótamos, tambien creen que vivían la mayor parte de su vida en el agua.

Arte en la cueva del dinosaurio:

Dibuja una luna de Halloween y ayuda a Espinosaurio a pintar una cara en la calabaza prehistórica.

Dibuja una cara chistosa en la calabaza.

Ponle un nombre prehistórico a tu calabaza:

_____

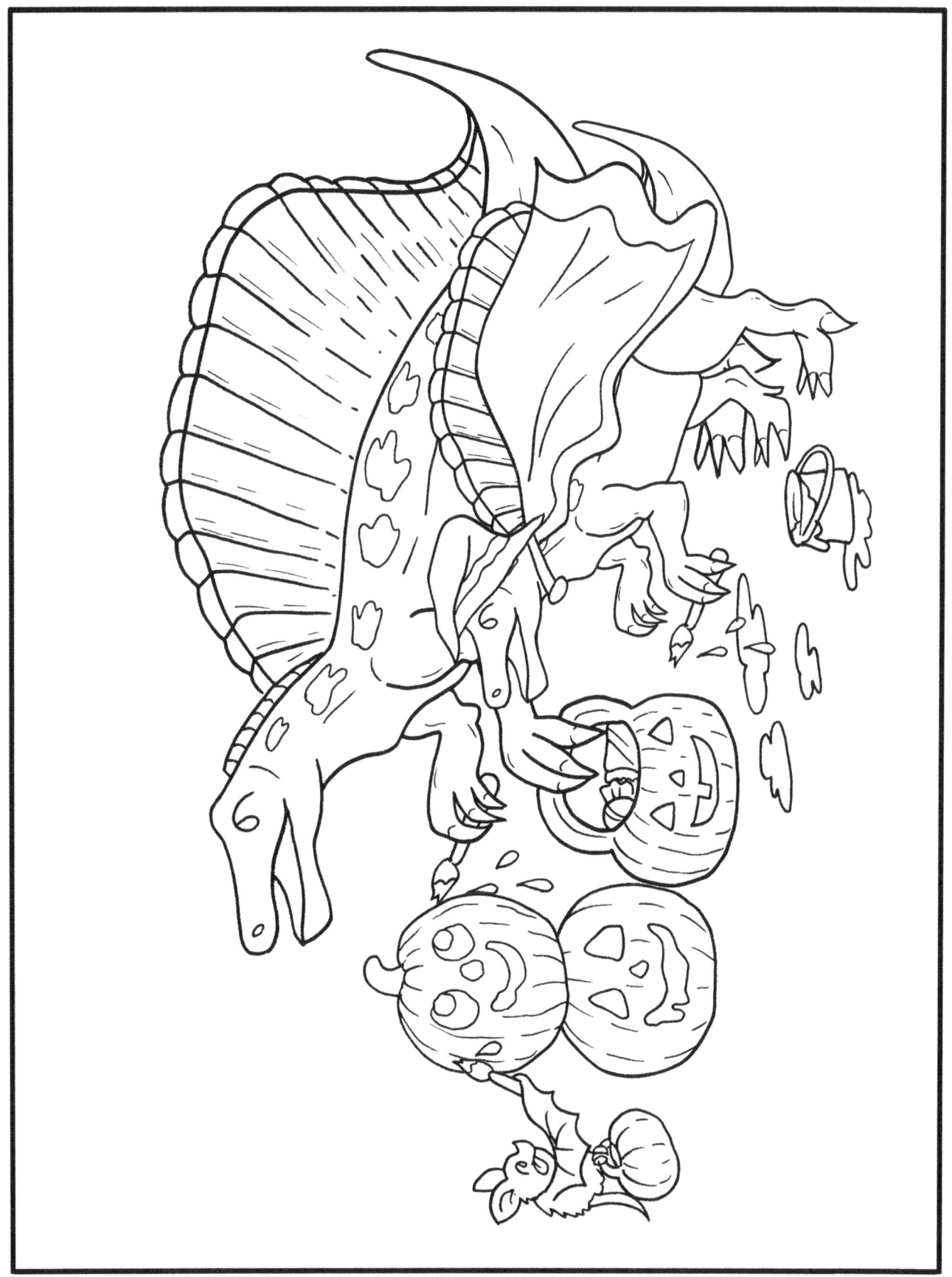

Shunosaurus

El Shunosaurus fue hallado en China y es el único saurópodo (dinosaurio de cuello largo) con una especie de garrote en la cola. También fue uno de los saurópodos más pequeños que existieron.

Libros y películas de dinosaurios

Escribe una lista de tus libros y películas favoritas de dinosaurios:

_____

_____

_____

_____

_____

_____

_____

_____

Magyarosaurus

El Magyarosaurus es el saurópodo (dinosaurio de cuello largo) más pequeño descubierto hasta la fecha. Tenían el tamaño aproximado de una persona. Fueron descubriertos en Rumanía.

Feliz Halloween

El dinosaurio que más me gusta es el:

Miragaia

Miragaia: ¿Qué tipo de dinosaurio es? ¿Es un saurópodo (cuello largo)? Sorprendentemente, no. Este dinosaurio pertenecía a **la familia de los estegosaurios**. **Mira** significa "maravilloso" en latín, y la palabra **Gaia** procede del nombre de una diosa griega encargada de toda la vida en la Tierra. Miragaia medía unos 21 pies de largo, era un poco más alto que una jirafa, aproximadamente la longitud de una ballena Orca. Pesaban unas dos toneladas, lo que equivale aproximadamente al peso de un rinoceronte blanco adulto de 4000 libras.

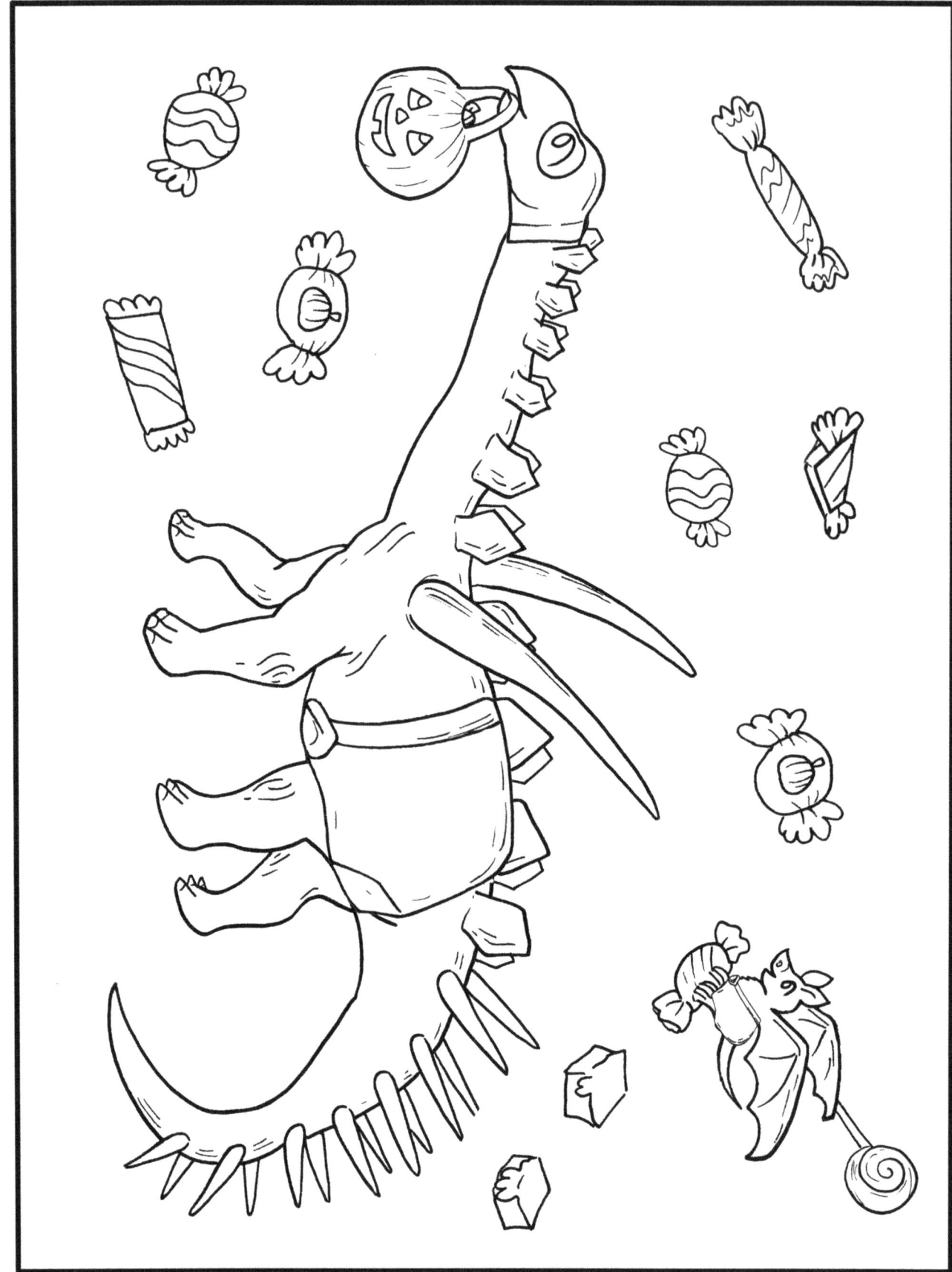

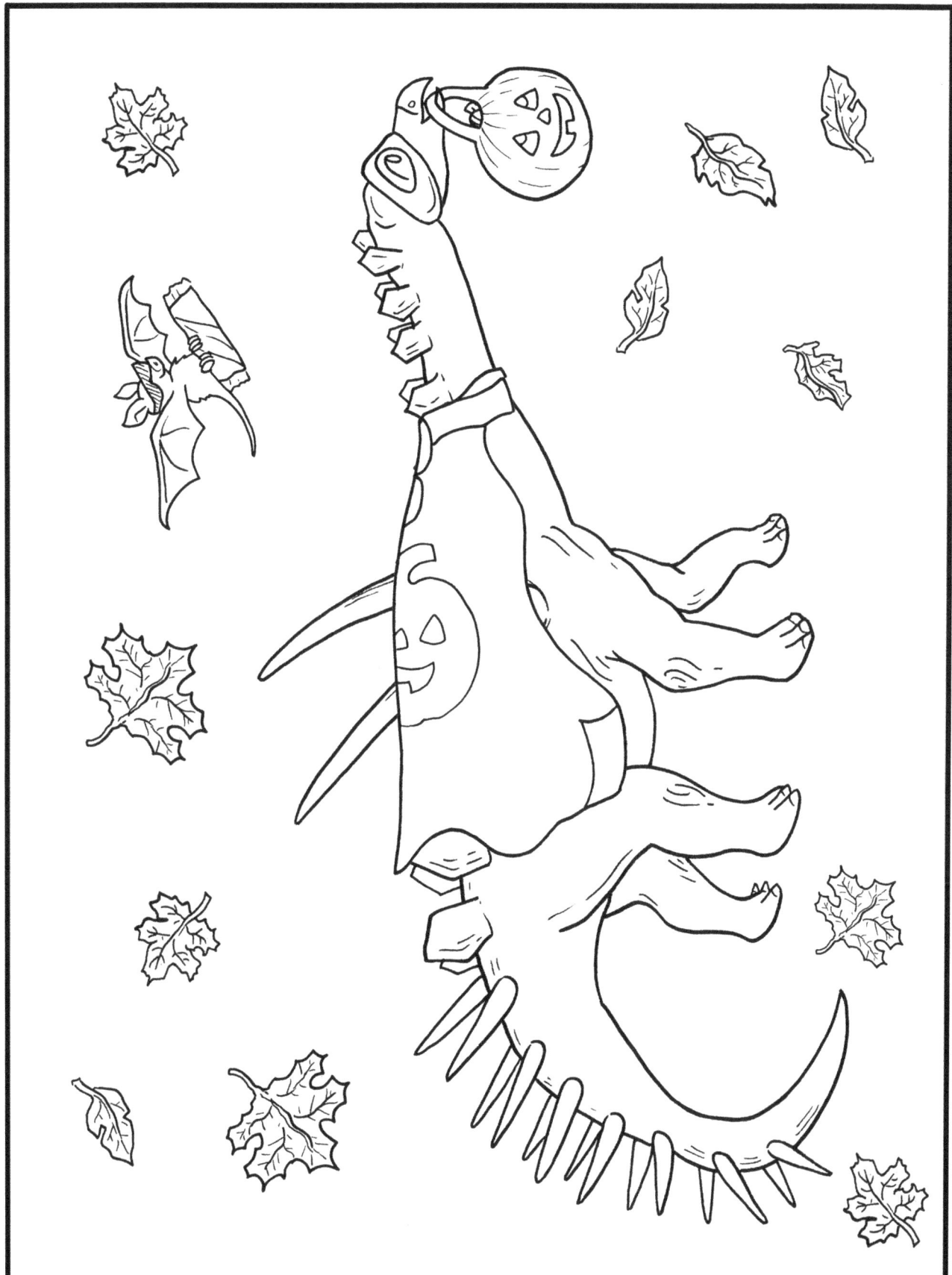

Miragaia dinosaurio de papel

Instrucciones:

1. **Primero colorea** Miragaia el dinosaurio de papel y los seis disfraces. *Asegúrate de colorear antes de cortar,* o las piezas pueden rasgarse.

2. Saca las páginas del dinosaurio de papel y los disfraces, de una en una y recórtalas con mucho cuidado.

*Si te resulta muy difícil, pide ayuda a tus padres o a un adulto.
Ten mucho cuidado de no recortar las lengüetas.
Si ocurre accidentalmente, puedes usar cinta adhesiva para arreglarlo.

3. Una vez coloreadas y recortadas todas las piezas, coloca el traje en el dinosaurio de papel y dobla las lengüetas hacia atrás para ayudar a que se mantenga en su sitio.
*Si necesitas ayuda para ver cómo deben quedar los trajes, mira los ejemplos en la página siguiente.

*Puedes colorear y recortar los ejemplos más pequeños de los dinosaurios de papel y los dulces, si quieres tener tu propia manada de dinosaurios.

4. Colorea y recorta una o todas las páginas de **Las Casas de Truco o Dulce** para que puedas llevar a tus dinosaurios de papel de casa en casa.

5. Puedes guardar todas las piezas y los dinosaurios de papel en un **sobre** cuando termines de jugar. Si no tienes un sobre, puedes hacer uno engrapando o pegando dos trozos de papel con cinta adhesiva.

Y lo más importante de todo es que, ¡**Te diviértas!**

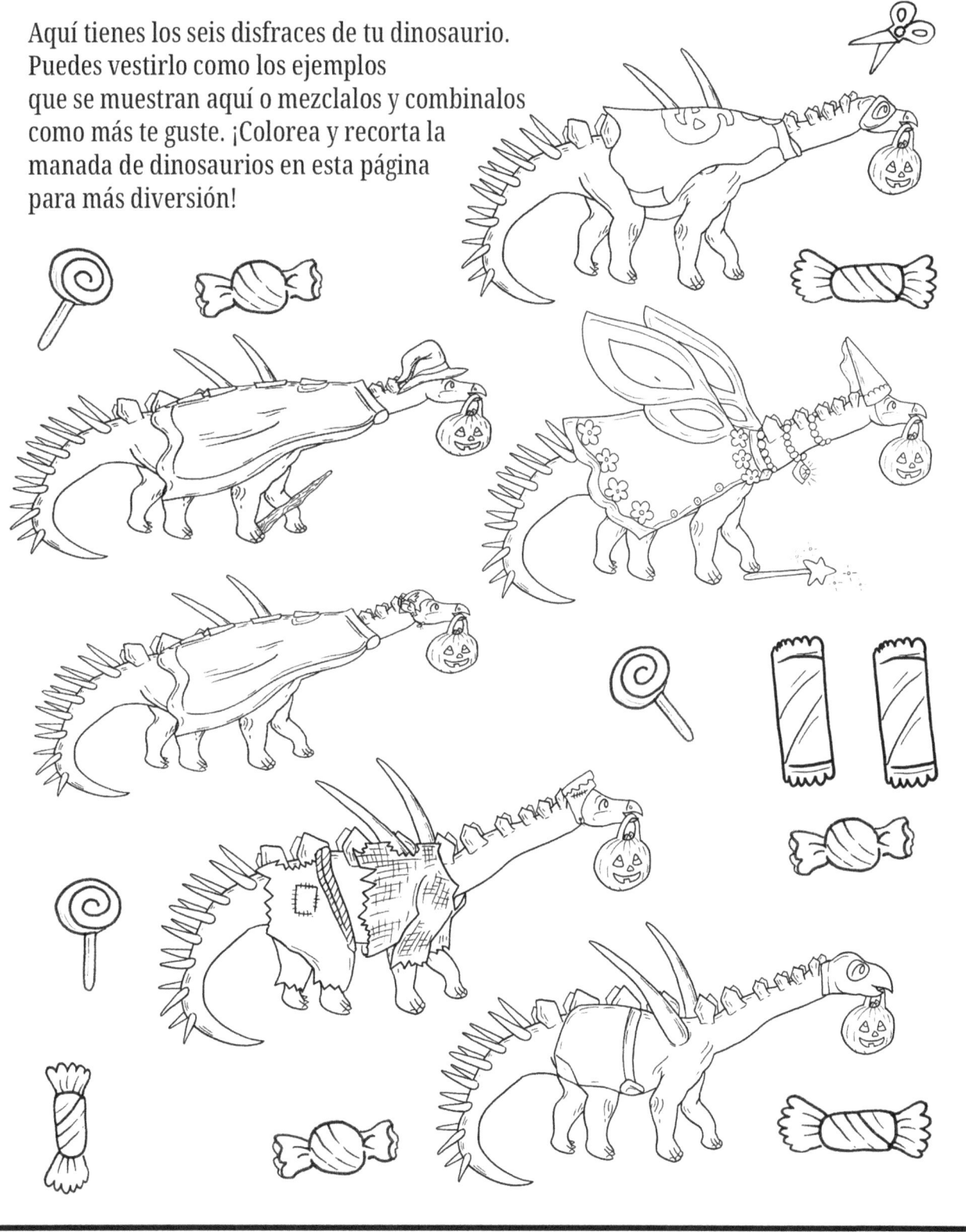

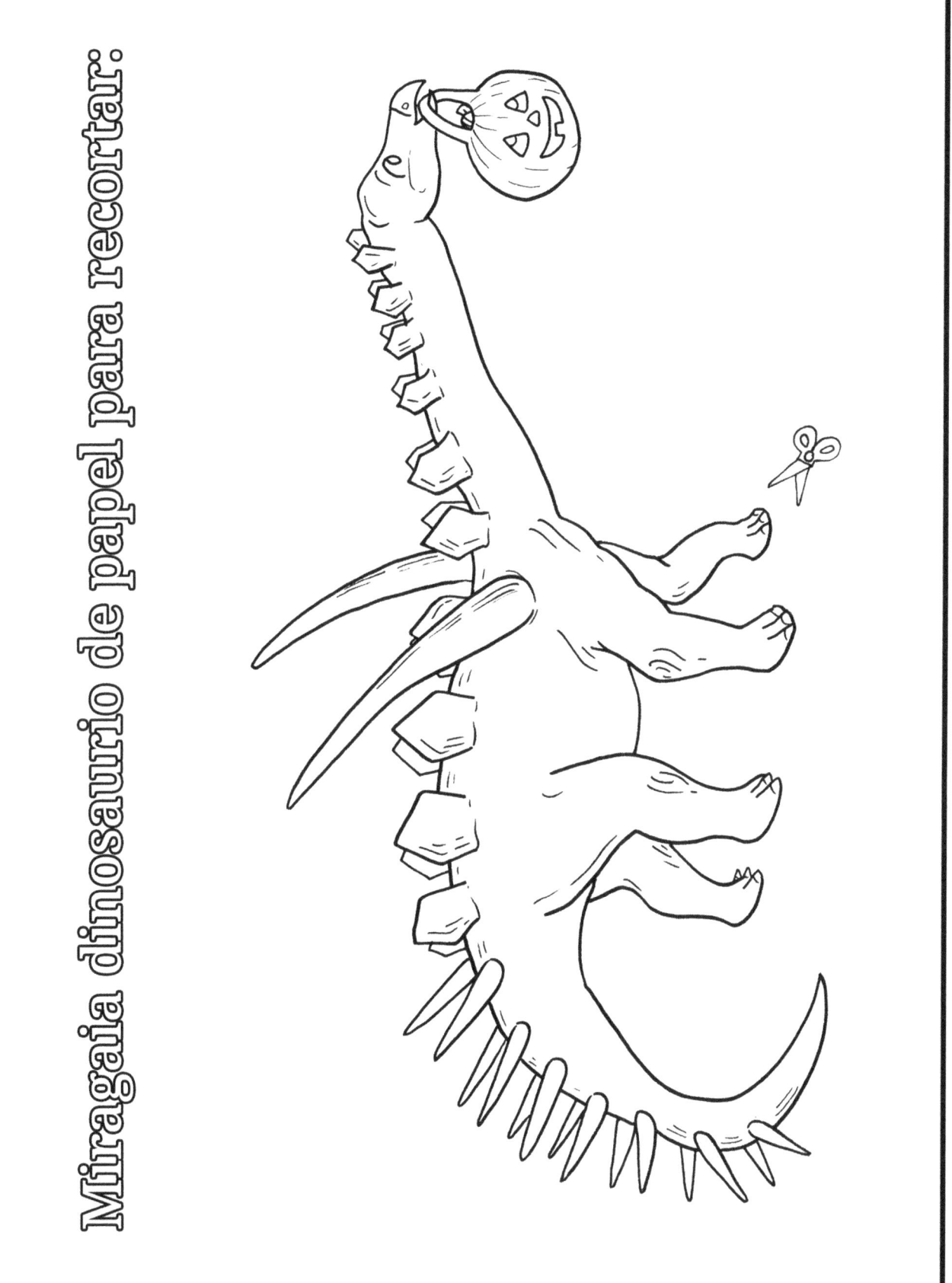

Disfraces para el dinosaurio de papel 1-4

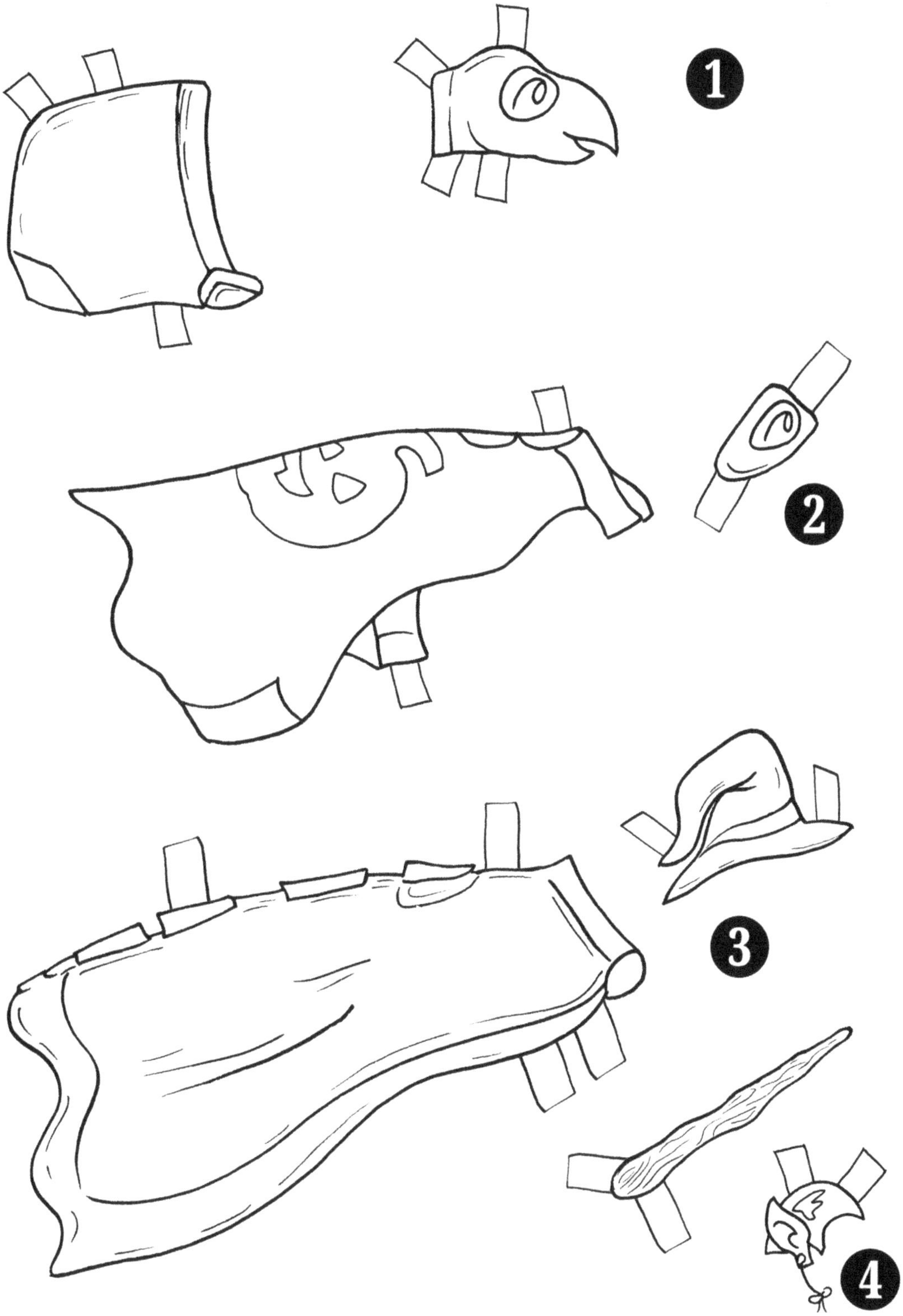

Disfraces para el dinosaurio de papel 5-6

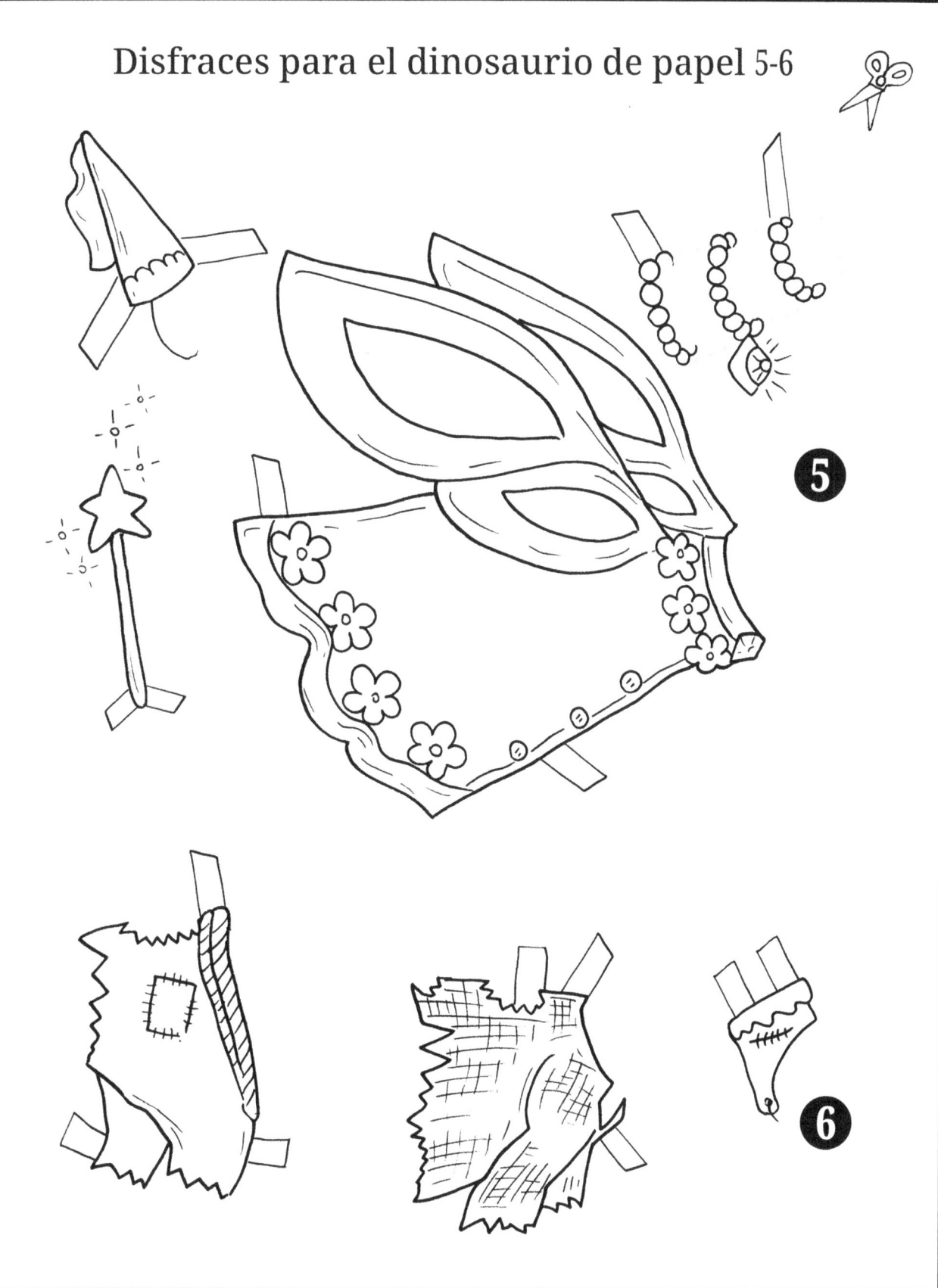

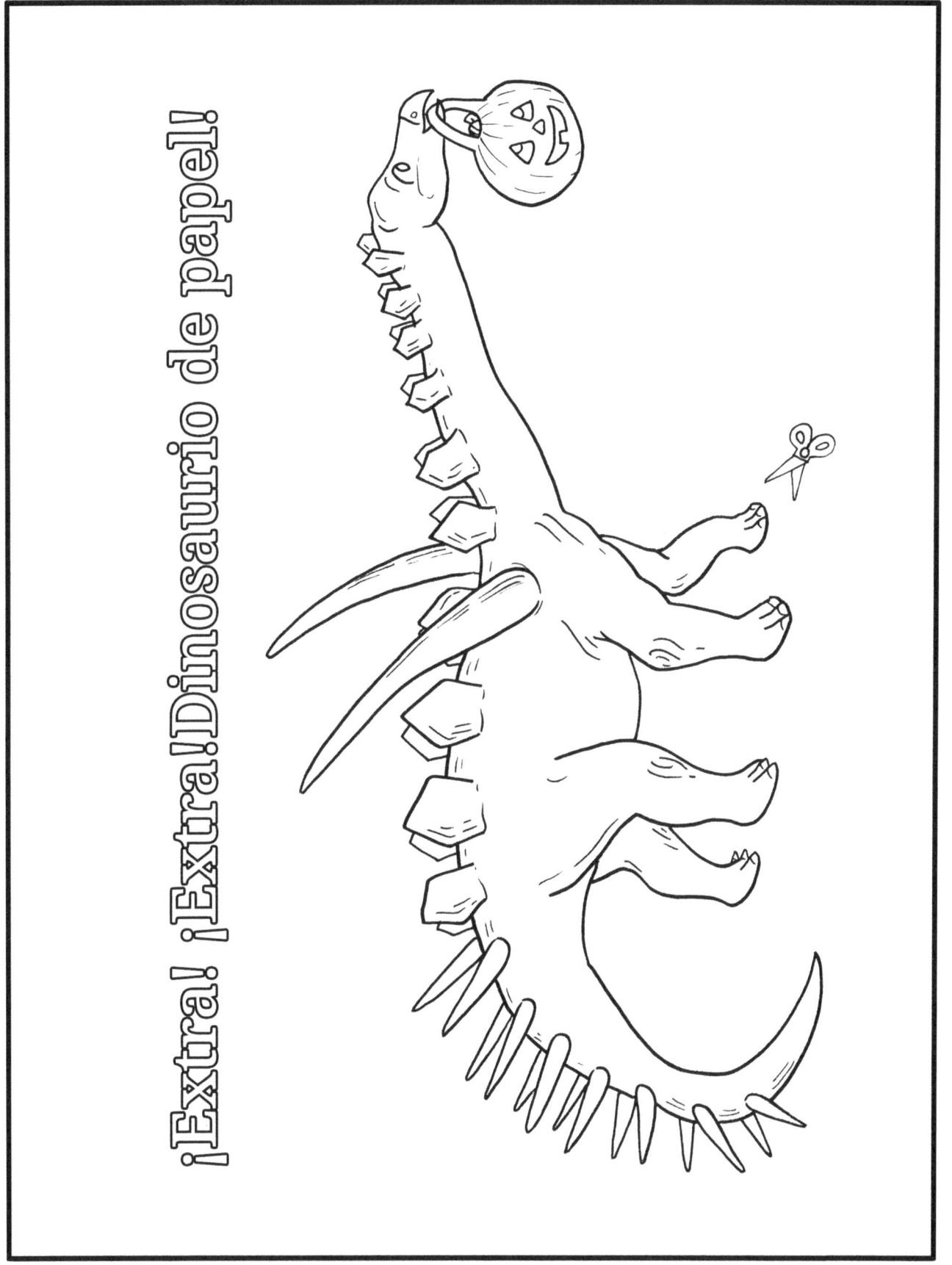

Ejemplos de dinosaurios de papel y Casas de Truco o Dulce :

Una vez que todo esté coloreado y recortado, lleva a tus dinosaurios a jugar Truco o Dulce, y después ¡cuenten y compartan sus dulces!

Extra! Extra! Extra Dulces!

Extra! Extra! Extra Dulces!

www.ingramcontent.com/pod-product-compliance
Lightning Source LLC
Chambersburg PA
CBHW061351010526
44107CB00011B/908